Lies und male

- ☐ Das ist Bert.
- ☐ Bert ist ein Boxer.
- ☐ Er hat gewonnen.
- ☐ Bert hat rosa Handschuhe.
- ☐ Sein Gürtel ist grün.
- ☐ Die Schuhe sind lila.
- ☐ Berts Hose ist gelb.
- ☐ Sein Gesicht ist rot.
- ☐ Er hat grüne Haare.
- ☐ Bert trägt eine Krone.

2 Lies und male

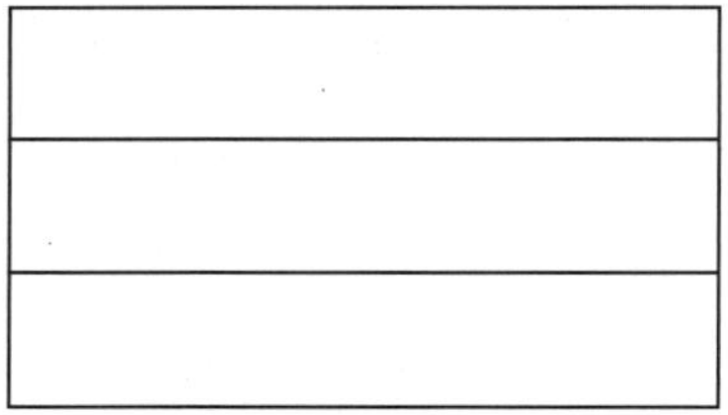

Niederlande

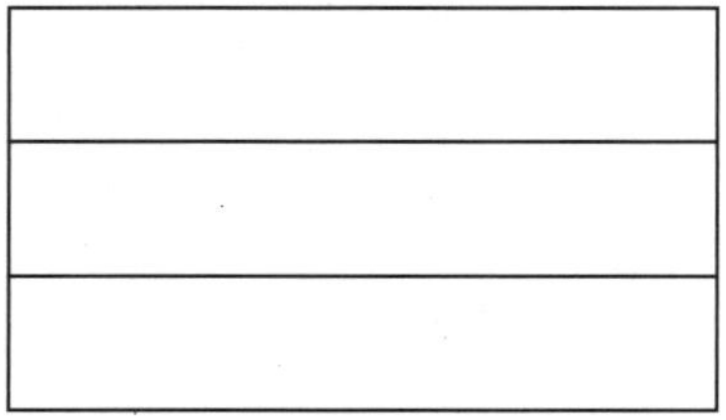

Russland

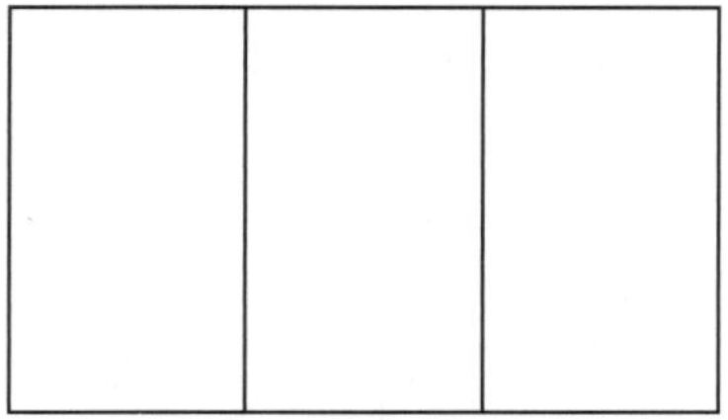

Rumänien

- ☐ Male die Flagge oben rot.
- ☐ Lass die Flagge in der Mitte weiß.
- ☐ Male die Flagge unten blau.

- ☐ Lass die Flagge oben weiß.
- ☐ Male die Flagge unten rot.
- ☐ Male die Flagge in der Mitte blau.

- ☐ Male die Flagge links blau.
- ☐ Male die Flagge in der Mitte gelb.
- ☐ Male die Flagge rechts rot.

Lies und male

Polen

Bulgarien

Luxemburg

☐ Lass die Flagge oben weiß.

☐ Male die Flagge unten rot.

☐ Bist du ein Mädchen? ja ☐ nein ☐

☐ Male die Flagge in der Mitte grün.

☐ Lass die Flagge oben weiß.

☐ Male die Flagge unten rot.

☐ Male die Flagge oben rot.

☐ Male die Flagge unten hellblau.

☐ Lass die Flagge in der Mitte weiß.

Kreuze an

Hunde können

☐ bellen. ☐ lesen. ☐ rechnen.

Schnee ist aus

☐ Limo. ☐ Wasser. ☐ Milch.

Basketball ist eine

☐ Pflanze. ☐ Sportart. ☐ Soße.

Ein Pferd hat eine

☐ Hose. ☐ Mähne. ☐ Perle.

Wespen haben einen

☐ Lehrer. ☐ Hut. ☐ Stachel.

Michael ist ein

☐ Auto. ☐ Käse. ☐ Name.

Auf dem Fluss fährt eine

☐ Jacht. ☐ Lok. ☐ U-Bahn.

Hosen haben zwei

☐ Arme. ☐ Augen. ☐ Beine.

Was ist eine Amsel? ☐ ein Auto ☐ ein Vogel ☐ eine Blume

Ist das ein Kamm?

☐ ja ☐ nein

Ist das ein Schwamm?

☐ ja ☐ nein

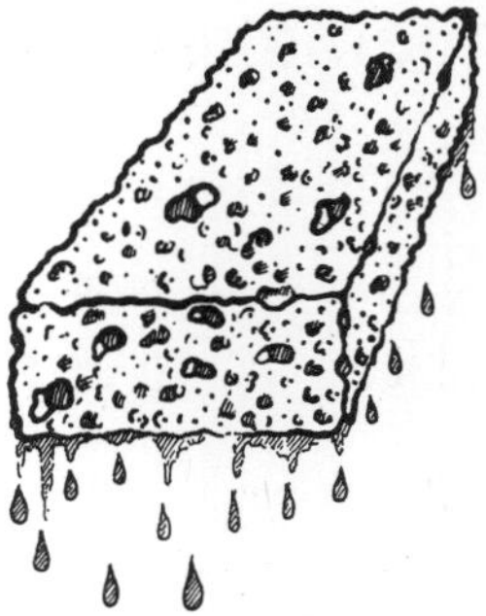

Male den Schwamm rosa.

Ist der Schwamm trocken?

☐ ja ☐ nein

Ist der Schwamm nass?

☐ ja ☐ nein

Ist der Schwamm rund?

☐ ja ☐ nein

Ist das ein Lamm?

☐ ja ☐ nein

Mit einem Schwamm kann man

☐ pusten. ☐ paddeln. ☐ putzen.

Kreuze an und male

Ist das eine Hand?

☐ ja ☐ nein

Heißt der Hund Hans?

☐ ja ☐ nein

Male Heinis Fell braun.

Hat der Hund ein Halsband?

☐ ja ☐ nein

Hat der Hund eine Wurst?

☐ ja ☐ nein

Hat der Hund kurze Beine?

☐ ja ☐ nein

Hat der Hund einen Stock?

☐ ja ☐ nein

Der Hund wedelt mit dem

☐ Auge. ☐ Schwanz. ☐ Maul.

Eis ist sehr

☐ warm. ☐ heiß. ☐ kalt.

Der Kaktus hat viele

☐ Stacheln. ☐ Omas. ☐ Augen.

Elefanten haben einen

☐ Beutel. ☐ Rüssel. ☐ Höcker.

Das Auto fährt mit

☐ Senf. ☐ Steinen. ☐ Benzin.

Ein Käfer krabbelt im

☐ Weltall. ☐ Ozean. ☐ Gras.

Eine Wurst liegt auf dem

☐ Bauch. ☐ Grill. ☐ Rücken.

Auf der Straße fahren

☐ Berge. ☐ Busse. ☐ Bananen.

Ein Klavier hat

☐ Durst. ☐ Tasten. ☐ Husten.

Wie viele Ohren haben vier Affen? ☐ drei ☐ fünf ☐ acht

Lies und male

- ☐ Das ist Anna.
- ☐ Anna spielt gerne Fußball.
- ☐ Sie steht am liebsten im Tor.
- ☐ Ihre Handschuhe sind rot.
- ☐ Anna ist eine gute Torwartin.
- ☐ Sie hat den Ball gehalten.
- ☐ Der Ball ist blau.
- ☐ Annas Hemd ist gelb.
- ☐ Male Anna braune Haare.

Spielst du gerne Fußball? ☐ ja ☐ nein

Ist das ein König?

☐ ja ☐ nein

Ist das eine Königin?

☐ ja ☐ nein

Kati

Male das Bild bunt.

Trägt die Königin eine Krone?

☐ ja ☐ nein

Trägt die Königin eine Kette?

☐ ja ☐ nein

Trägt die Königin eine Brille?

☐ ja ☐ nein

Trägt die Königin einen Hut?

☐ ja ☐ nein

Die Königin heißt

☐ Katze. ☐ Kati. ☐ Kater.

Kreuze an und male

Ist das ein König?

☐ ja ☐ nein

Können Könige lachen?

☐ ja ☐ nein

Male das Bild bunt.

Hat der König einen Bart?

☐ ja ☐ nein

Hält der König einen Schirm?

☐ ja ☐ nein

Trägt der König eine Krone?

☐ ja ☐ nein

Hat der König lange Haare?

☐ ja ☐ nein

Der König heißt

☐ Kino. ☐ Kilo. ☐ Kuno.

Die Spinne spinnt ein

☐ Netz. ☐ Schloss. ☐ Auto.

Bananen haben eine

☐ Oma. ☐ Brille. ☐ Schale.

Ich esse ein Brot mit

☐ Gras. ☐ Käse. ☐ Holz.

Ein Kater ist eine

☐ Kastanie. ☐ Katze. ☐ Kuh.

Das Kamel hat zwei

☐ Rüssel. ☐ Höcker. ☐ Beutel.

Der Roller hat zwei

☐ Haare. ☐ Räder. ☐ Äste.

Sarah und Nina sind

☐ Ufos. ☐ Mädchen. ☐ Blumen.

Pudel und Dackel

☐ piepen. ☐ miauen. ☐ bellen.

Kobras sind ☐ Schlüssel. ☐ Schlösser. ☐ Schlangen.

Lies und male

Österreich

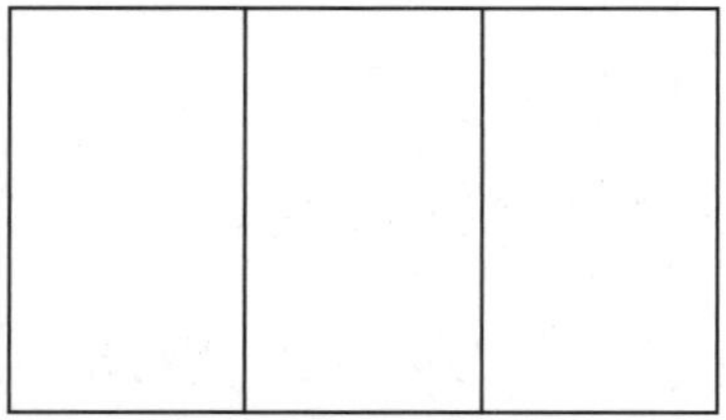

Belgien

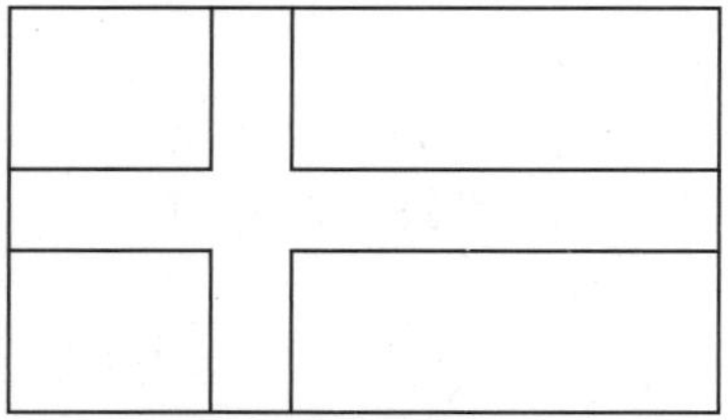

Schweden

☐ Male die Flagge oben rot.

☐ Male die Flagge unten rot.

☐ Lass die Flagge in der Mitte weiß.

☐ Male die Flagge links schwarz.

☐ Male die Flagge rechts rot.

☐ Male die Flagge in der Mitte gelb.

☐ Male das Kreuz gelb.

☐ Male den Rest der Flagge blau.

☐ Magst du Kuchen? ja ☐ nein ☐

Lies und male

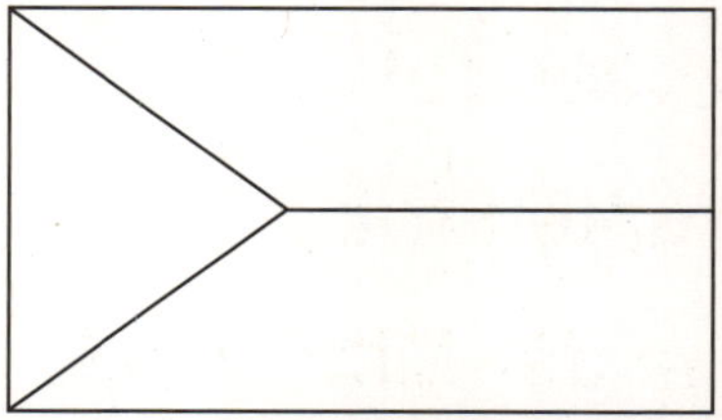

Tschechische Republik

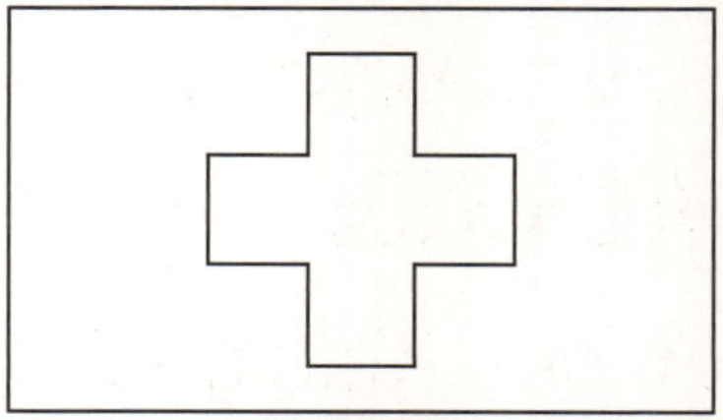

Schweiz

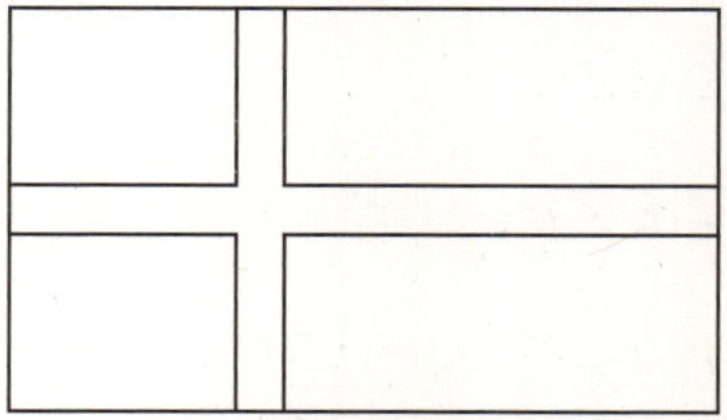

Dänemark

☐ Male das Dreieck blau.

☐ Lass die Flagge oben weiß.

☐ Male die Flagge unten rot.

☐ Lass das Kreuz weiß.

☐ Male den Rest der Flagge rot.

☐ Hast du eine Puppe? ja ☐ nein ☐

☐ Lass das Kreuz weiß.

☐ Male den Rest der Flagge rot.

☐ Bist du ein Bär? ja ☐ nein ☐

Kreuze an

Kirschen haben einen

☐ Kuchen. ☐ Knochen. ☐ Kern.

Korallen leben im

☐ Schnee. ☐ Meer. ☐ Wind.

Spaghetti sind

☐ Pilze. ☐ Fliegen. ☐ Nudeln.

Vor der Tür liegt eine

☐ Fußmatte. ☐ Kuh. ☐ Torte.

Auf Spaghetti kommt

☐ Seife. ☐ Erde. ☐ Soße.

Papa kocht in der

☐ Tanne. ☐ Kutsche. ☐ Küche.

Die Bürste ist für die

☐ Haare. ☐ Wiese. ☐ Wüste.

Müll kommt in den

☐ Zoo. ☐ Mülleimer. ☐ Wald.

Wie viele Beine haben zwei Hosen? ☐ zwei ☐ vier ☐ sechs

- ☐ Das ist Pia.
- ☐ Pia ist eine Eskimofrau.
- ☐ Sie lebt am Nordpol.
- ☐ Male Pias Kleider grau.
- ☐ Die Handschuhe sind rot.
- ☐ Ihre Haut ist hellbraun.
- ☐ Neben Pia steht ein Eimer.
- ☐ In dem Eimer sind Fische.
- ☐ Überall liegt Schnee.
- ☐ Hinten siehst du zwei Iglus.
- ☐ Male Fahnen auf die Iglus.

Kreuze an

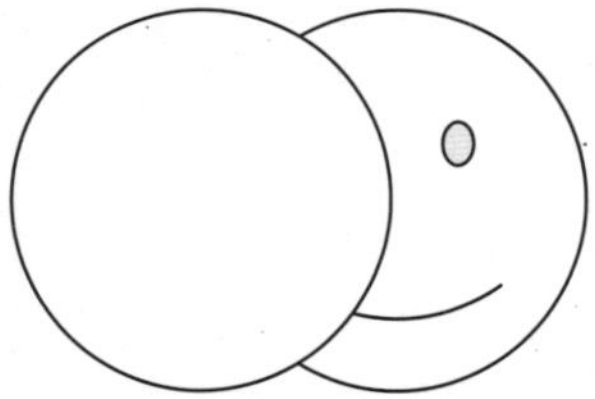

☐ Das Gesicht ist vor dem Kreis.

☐ Das Gesicht ist hinter dem Kreis.

☐ Das Gesicht ist unter dem Kreis.

☐ Die Sonne ist über dem Herzen.

☐ Die Sonne ist vor dem Herzen.

☐ Die Sonne ist neben dem Herzen.

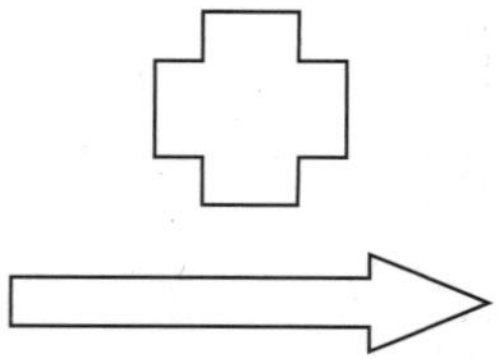

☐ Das Kreuz ist über dem Pfeil.

☐ Das Kreuz ist neben dem Pfeil.

☐ Das Kreuz ist unter dem Pfeil.

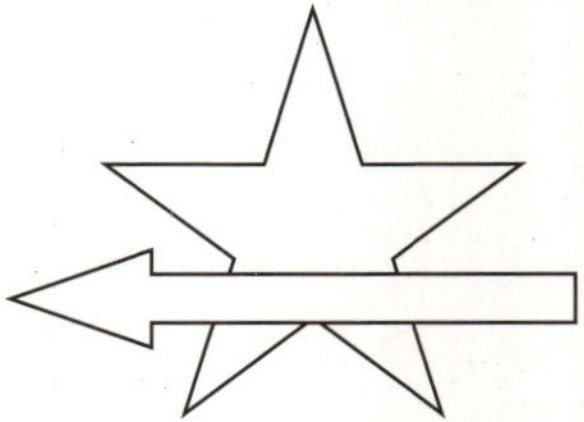

- ☐ Der Pfeil ist über dem Stern.
- ☐ Der Pfeil ist vor dem Stern.
- ☐ Der Pfeil ist hinter dem Stern.

- ☐ Das Schloss ist neben der Glühbirne.
- ☐ Das Schloss ist unter der Glühbirne.
- ☐ Das Schloss ist hinter der Glühbirne.

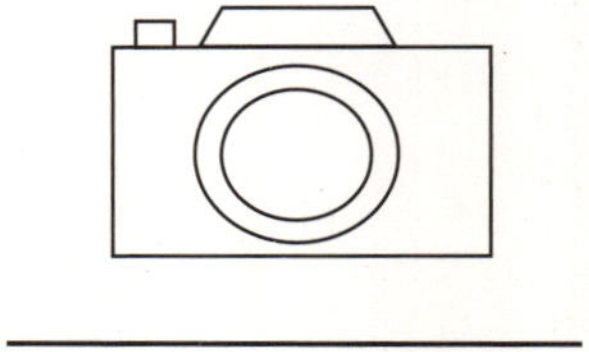

- ☐ Die Linie ist über der Kamera.
- ☐ Die Linie ist neben der Kamera.
- ☐ Die Linie ist unter der Kamera.

Kreuze an und male

Ist das eine Katze?

☐ ja ☐ nein

Heißt die Katze Kia?

☐ ja ☐ nein

Male Kia einen Korb.

Haben Katzen ein Fell?

☐ ja ☐ nein

Jagen Katzen Mäuse und Vögel?

☐ ja ☐ nein

Haben Katzen scharfe Krallen?

☐ ja ☐ nein

Tragen Katzen gerne Hosen?

☐ ja ☐ nein

Katzen können nicht

☐ miauen. ☐ springen. ☐ rechnen.

Kreuze an und male

Ist das ein Pferd?

☐ ja ☐ nein

Heißt das Pferd Sonja?

☐ ja ☐ nein

Male Sana eine Wiese.

Pferde haben vier

☐ Ohren. ☐ Mähnen. ☐ Beine.

Ein weißes Pferd ist ein

☐ Schaf. ☐ Schimmel. ☐ Schiff.

Pferde können sehr schnell

☐ rechnen. ☐ bügeln. ☐ laufen.

Ein junges Pferd nennt man

☐ Ferkel. ☐ Fohlen. ☐ Küken.

Pferde fressen Hafer, Heu und

☐ Pudding. ☐ Gras. ☐ Suppe.

Lies und male

- ☐ Das ist Ronny.
- ☐ Ronny ist ein ________________ .
- ☐ Seine Nase ist rot.
- ☐ Die Blumen sind lila.
- ☐ Ein Schuh ist orange.
- ☐ Der andere Schuh ist grün.
- ☐ Sein Kostüm ist bunt.
- ☐ Ronny spielt Jo-Jo.
- ☐ Ein Vogel sitzt auf seinem Kopf.
- ☐ Auf dem Boden liegt ein Ball.
- ☐ Ronny ist ein lustiger Clown.

Das Fahrrad hat eine

☐ Zunge. ☐ Klingel. ☐ Spüle.

Ein Storch hat lange

☐ Haare. ☐ Beine. ☐ Arme.

Nashörner sind große

☐ Steine. ☐ Blumen. ☐ Tiere.

Nudeln kann man

☐ trinken. ☐ kämmen. ☐ essen.

Ich bringe den Brief zur

☐ Puppe. ☐ Post. ☐ Pfeife.

Ich schreibe mit einem

☐ Bus. ☐ Stift. ☐ Schal.

Der Magnet zieht Eisen

☐ an. ☐ um. ☐ aus.

Der Topf hat einen

☐ Bruder. ☐ Vater. ☐ Deckel.

Was ist eine Kiwi? ☐ eine Frucht ☐ eine Maus ☐ eine Lehrerin

Lies und male

- ☐ Der große Kreis ist schwarz.
- ☐ Der große Ring ist rot.
- ☐ Das kleine Dreieck ist blau.
- ☐ Der kleine Pfeil ist orange.
- ☐ Das große Dreieck ist blau.
- ☐ Der kleine Kreis ist schwarz.
- ☐ Der große Pfeil ist blau.
- ☐ Das große Viereck ist rot.
- ☐ Das große Kreuz ist gelb.
- ☐ Das kleine Viereck ist lila.
- ☐ Die Sonne ist orange.
- ☐ Der kleine Ring ist schwarz.
- ☐ Das kleine Kreuz ist blau.
- ☐ Male den Rahmen grün.

Lies und male

- ☐ Das ist Bello.
- ☐ Bello ist ein ______________________ .
- ☐ Sein Fell glänzt dunkelbraun.
- ☐ Bello ist sehr lustig.
- ☐ Er trägt einen roten Hut.
- ☐ Auf dem Hut liegt ein Ball.
- ☐ Auf dem Ball steht eine Kerze.
- ☐ Bello schnüffelt an einem Baum.
- ☐ Am Himmel sind Wolken.
- ☐ Es regnet.
- ☐ Bello mag Regen.

Manche Jungen heißen

☐ Elke. ☐ Paul. ☐ Monika.

„Bitte ein Eis mit

☐ Senf.“ ☐ Salz.“ ☐ Sahne.“

Auf dem Teller liegt eine

☐ Straße. ☐ Pizza. ☐ Wolke.

„Ich hätte gerne ein Glas

☐ Milch.“ ☐ Qualm.“ ☐ Luft.“

Der Zahnarzt hat einen

☐ Fluss. ☐ Berg. ☐ Bohrer.

„Die Pizza bitte mit viel

☐ Sand.“ ☐ Käse.“ ☐ Kohle.“

Schaum reimt sich auf

☐ Ball. ☐ Besen. ☐ Baum.

Hände wäscht man mit

☐ Seife. ☐ Schlamm. ☐ Gras.

Was ist nicht gelb? ☐ Zitronen ☐ Bananen ☐ Orangen

Lies und male

Male drei
grüne Vierecke.

Male vier
blaue Dreiecke.

- ☐ Das kleine Kreuz ist gelb.
- ☐ Male lila Punkte in das große Kreuz.
- ☐ Male ein Gesicht in den großen Kreis.
- ☐ Der kleine Kreis ist schwarz.
- ☐ Male rote Kreise in das große Dreieck.
- ☐ Der kleine Pfeil ist braun.
- ☐ Das große Herz ist rot.
- ☐ Das kleine Dreieck ist blau.
- ☐ Das kleine Herz ist lila.
- ☐ Der kleine Mond ist gelb.
- ☐ Male rote Streifen in den großen Pfeil.
- ☐ Der große Mond ist gelb.

Lies und male

Zähle die Sterne.

Es sind ☐ Sterne.

- ☐ Da saust Isa!
- ☐ Isa ist eine kleine ____________ .
- ☐ Ihr Kleid ist orange.
- ☐ Isa saust über hohe Berge.
- ☐ Hinter ihr fliegt ein Flugdino.
- ☐ Der Flugdino heißt Ira.
- ☐ Isa und Ira sind Freundinnen.
- ☐ Sie fliegen durch dicke Wolken.
- ☐ Es schneit.
- ☐ Jetzt aber schnell nach Hause!
- ☐ Male alle Sterne lila.

Der Junge schreibt in sein

☐ Meer. ☐ Brot. ☐ Heft.

Äpfel wachsen an einem

☐ Zaun. ☐ Baum. ☐ Kamm.

Ein Dreieck hat drei

☐ Brüder. ☐ Seiten. ☐ Nasen.

Einen Ballon pumpt man

☐ um. ☐ zu. ☐ auf.

Zähne putzt man mit

☐ Zucker. ☐ Zahnpasta. ☐ Öl.

Schimpansen sind

☐ Mücken. ☐ Affen. ☐ Vögel.

Auf dem Boden krabbelt eine

☐ Uhr. ☐ Ameise. ☐ Zitrone.

Topf reimt sich auf

☐ Pferd. ☐ Pflaume. ☐ Kopf.

Was wird nicht heiß? ☐ ein Herd ☐ ein Ofen ☐ eine Brille

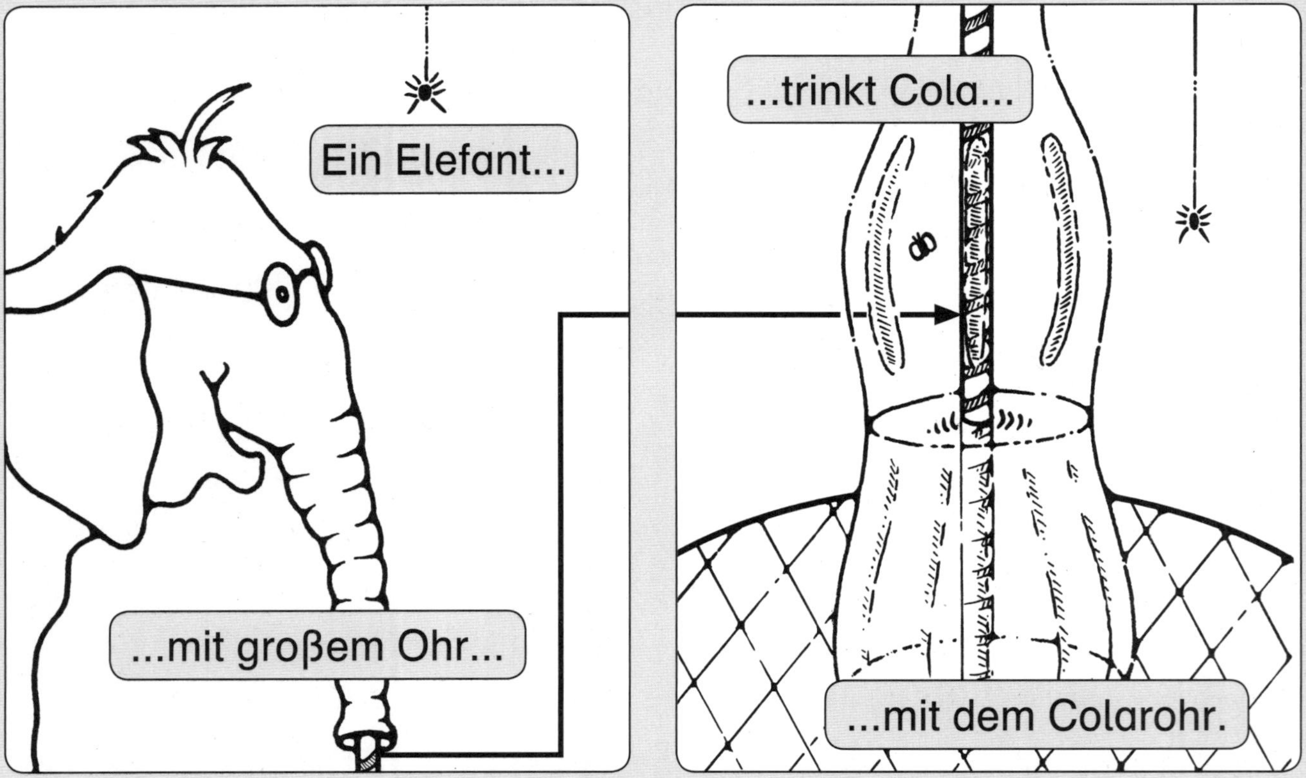
Ein Elefant...
...mit großem Ohr...
...trinkt Cola...
...mit dem Colarohr.

Kreuze an und male

Der Elefant trinkt eine Flasche

- ☐ Tee.
- ☐ Wasser.
- ☐ Cola.

Der Elefant trägt eine

- ☐ Mütze.
- ☐ Brille.
- ☐ Turnhose.

In der Flasche fliegt eine

- ☐ Kuh.
- ☐ Spinne.
- ☐ Fliege.

Die Colaflasche ist

- ☐ voll.
- ☐ halb voll.
- ☐ leer.

Die Spinne hängt an einem

- ☐ Springseil.
- ☐ Faden.
- ☐ Kran.

- ☐ Male das Ohr lila.
- ☐ Der Elefant ist gelb.
- ☐ Er trägt einen Hut.
- ☐ Male die Brille rot.
- ☐ Der Strohhalm ist rosa.
- ☐ Die Cola ist braun.
- ☐ Male den Tisch bunt.

Wo leben Elefanten?

- ☐ am Nordpol
- ☐ im Weltall
- ☐ auf Bäumen
- ☐ in Afrika

Lies und male

Wie viele
Räder hat ein Auto?

Wie viele
Ohren hat eine Katze?

Wie viele
Zehen hat ein Fuß?

Wie viele
Flügel hat ein Wurm?

Wie viele
Nasen haben 9 Kinder?

Wie viele
Ecken hat ein Dreieck?

Wie viele
Beine haben 2 Kamele?

Wie viele
Finger hat ein Mensch?

Wie viele
Sterne zählst du?

Male die Sterne blau.

- ☐ Da steht eine Burg.
- ☐ Eine Burg aus rotem Stein.
- ☐ Sie steht auf einem Berg.
- ☐ Ein Weg führt zum Tor.
- ☐ Die Burg gehört Lea.
- ☐ Lea ist eine Königin.
- ☐ Sie steht auf dem linken Turm.
- ☐ Was fliegt denn da?
- ☐ Drei bunte Luftballons
- ☐ und eine blaue Wolke.
- ☐ Lea wundert sich.

Der Sandwurm...
...tanzt den Reifen-Twist,...
...bis er total verknotet ist.

Der Sandwurm tanzt in der

- ☐ Disco.
- ☐ Schule.
- ☐ Wüste.

Der Sandwurm tanzt mit einem

- ☐ Reifen.
- ☐ Mädchen.
- ☐ Eimer.

In der Wüste wachsen

- ☐ Tulpen.
- ☐ Kakteen.
- ☐ Kastanien.

Ein Mensch hängt an einem

- ☐ Keks.
- ☐ Flugdino.
- ☐ Fallschirm.

Der Fallschirmspringer

- ☐ startet.
- ☐ landet.
- ☐ läuft.

- ☐ Male den Wurm rot.
- ☐ Die Kakteen sind grün.
- ☐ Der Reifen ist rosa.
- ☐ Der Sand ist orange.
- ☐ Male den Fallschirm bunt.
- ☐ Die Sonne scheint.
- ☐ Der Himmel ist blau.

Was ist eine Wüste?

- ☐ die Säge
- ☐ die Sahne
- ☐ die Sahara
- ☐ die Soße

Kreuze an

Socken wärmen die

☐ Haare. ☐ Hände. ☐ Füße.

Eine Schlange hat keine

☐ Haut. ☐ Beine. ☐ Zunge.

Zebrastreifen sind auf der

☐ Wiese. ☐ Tante. ☐ Straße.

Ein Regenbogen ist

☐ weiß. ☐ unsichtbar. ☐ farbig.

Mädchen heißen nicht

☐ Tom. ☐ Tina. ☐ Tanja.

Jungen heißen nicht

☐ Tom. ☐ Tina. ☐ Tim.

Menschen haben zwei

☐ Nasen. ☐ Rücken. ☐ Hände.

Gummistiefel sind aus

☐ Glas. ☐ Gurken. ☐ Gummi.

Was gehört zum Fußball? ☐ Zwölfmeter ☐ Elfmeter ☐ Zehnmeter

Lies und male

- ☐ Das ist Quallo.
- ☐ Quallo ist ein ________________ .
- ☐ Sein Haken ist grün.
- ☐ Das Holzbein ist rosa.
- ☐ Er trägt eine orange Hose.
- ☐ Sein Hemd ist gestreift.
- ☐ Quallos Zähne sind gelb.
- ☐ Er trägt eine lila Socke.
- ☐ Male seine Haut hellbraun.
- ☐ Links steht ein kleiner Tisch.
- ☐ Rechts liegt ein roter Fisch.

Rätsel

Sie sind Tiere. Sie haben Flügel. Viele bauen Nester.	Sie ist flüssig. Sie ist ein Getränk. Sie stammt von Kühen.
☐ Tiger ☐ Fliegen ☐ Vögel	☐ Soße ☐ Milch ☐ Limonade
Sie sind warm. Man kann sie essen. Sie werden gebacken.	Sie haben zwei Ohren. Kinder spielen mit ihnen. Sie sind Bären.
☐ Pizzas ☐ Vulkane ☐ Suppen	☐ Puppen ☐ Löwen ☐ Teddys

Sie sind groß.

Sie sind Tiere.

Sie haben einen Rüssel.

☐ Berge ☐ Elefanten ☐ Pandas

Sie sind hart.

Man muss sie putzen.

Wir kauen mit ihnen.

☐ Tassen ☐ Zähne ☐ Steine

Sie fahren.

Sie haben Räder.

Sie fahren auf Schienen.

☐ Züge ☐ Autos ☐ Schiffe

Sie sind Tiere.

Sie haben ein Fell.

Sie können bellen.

☐ Affen ☐ Hunde ☐ Wale

Der Beutel...
...von dem Känguru...
...geht ganz einfach auf und zu.

Das Känguru trägt eine

☐ Jacke. ☐ Uhr. ☐ Wollmütze.

Das Känguru trägt auch eine

☐ Kirsche. ☐ Kette. ☐ Kiste.

Das Känguru steht auf einer

☐ Lokomotive. ☐ Wiese. ☐ Turnhalle.

Hinter der Wiese stehen

☐ Schafe. ☐ Berge. ☐ Häuser.

Der Beutel hat einen

☐ Reißverschluss. ☐ Bruder. ☐ Beruf.

☐ Male das Känguru braun.

☐ Auf der grünen Wiese stehen Blumen.

☐ Ein Haus ist lila.

☐ Das andere Haus ist rot.

☐ Der Beutel hat einen gelben Reißverschluss.

Kängurus können weit

☐ spielen.

☐ sprechen.

☐ spülen.

☐ springen.

Lies und male

- ☐ Das ist eine Puppe.
- ☐ Die Puppe heißt Lisa.
- ☐ Lisa trägt ein gelbes Hemd.
- ☐ Auf dem Hemd sind Punkte.
- ☐ Lisas Hose ist blau.
- ☐ Ihre Haare sind grün.
- ☐ Sie trägt braune Schuhe.
- ☐ Lisa hat rote Backen.
- ☐ Sie sitzt auf einer Decke.
- ☐ Vor ihr liegt ein bunter Ball.
- ☐ Male Lisa eine Mütze.

Im Zirkus fällt ein Elefant
mitten in den Matsch.
Platsch!

Wer fällt in den Matsch?

☐ das Reh ☐ der Elefant ☐ die Kuh

Wo fällt der Elefant?

☐ im Zoo ☐ im Zirkus ☐ im Kino

Was passt zu Matsch?

☐ Limo ☐ Schlamm ☐ Pizza

Über einen schmalen Graben
hüpft ein kleiner Mops.
Hops!

Was ist ein Mops?

☐ ein Haus ☐ ein Hund ☐ ein Heft

Was macht der Mops?

☐ husten ☐ heulen ☐ hüpfen

Was können Möpse?

☐ bellen ☐ backen ☐ basteln

Rätsel

Er ist nicht sehr groß.
Er ist oft aus Metall.
Er hat ein eigenes Schloss.
Mit ihm werden Türen geöffnet.

☐ Haken ☐ Schlüssel ☐ Nagel

Er ist lang und dünn.
Er ist oft aus Plastik.
Innen ist er hohl.
Man kann mit ihm trinken.

☐ Bein ☐ Haar ☐ Strohhalm

Er braucht Strom.
Er ist ziemlich laut.
Er erwärmt die Luft.
Man braucht ihn für die Haare.

☐ Ofen ☐ Mixer ☐ Föhn

Sie kommt oft aus der Tube.
Sie steht meistens im Bad.
Sie ist für die Haut.
Man reibt sie ein.

☐ Senf ☐ Deo ☐ Creme

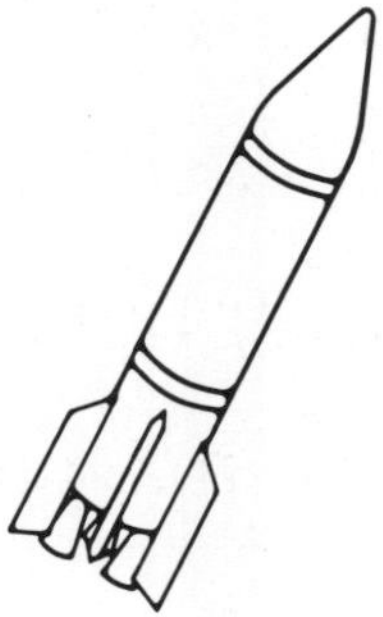

Wie heißt unser Planet?

☐ Venus ☐ Erde ☐ Mars

☐ Da fliegt ja eine rosa Rakete!

☐ Sie stößt Feuer und Rauch aus.

☐ Auf der Rakete steht eine Zahl.

☐ Die Rakete fliegt im Weltall.

☐ Im Weltall ist es still.

☐ Was schwebt denn da?

☐ Das ist ja eine große Tomate!

☐ Auf der Tomate steht ein Ufo.

☐ Male den Mond.

☐ Man kann die Erde sehen.

☐ Viele Sterne leuchten.

Comic

Wer hat viel Spaß?

- ☐ eine Geige ☐ eine Gurke ☐ Anja

Wo landet die Gurke?

- ☐ im Glas ☐ im Zoo ☐ auf dem Mond

Was steht auf dem Glas?

- ☐ eine Fee ☐ Schuhe ☐ ein Zwerg

Ist das Glas offen oder geschlossen?

- ☐ weiß ich nicht ☐ offen ☐ geschlossen

Hat die Gurke einen Stiel?

- ☐ weiß ich nicht ☐ ja ☐ nein

- ☐ Male alle Gurken grün.
- ☐ Die Schuhe sind rot.
- ☐ Der Glasdeckel ist blau.
- ☐ Die Steine sind grau.
- ☐ Der Weg ist braun.
- ☐ Das Gras ist hellgrün.
- ☐ Male vier lila Blumen.

Was gibt es nicht im Glas?

- ☐ Birnen
- ☐ Mais
- ☐ Turnschuhe
- ☐ Apfelmus

Rätsel

Man kann sie essen.
Sie werden gebacken.
Sie sind oft sehr knusprig.
Sie schmecken lecker mit Käse.

☐ Torten ☐ Kekse ☐ Brötchen

Es ist ein Land in Europa.
Dort gibt es Pizza und Spaghetti.
Dort leben Italienerinnen.
Dort leben Italiener.

☐ Polen ☐ Belgien ☐ Italien

Sie sind Tiere.
Sie leben in Australien.
Sie können sehr weit springen.
Sie haben einen Beutel.

☐ Kängurus ☐ Käfer ☐ Würmer

Sie sind lang und dünn.
Man hält sie in der Hand.
Sie haben Haare oder Borsten.
Man kann mit ihnen malen.

☐ Spaghetti ☐ Seile ☐ Pinsel

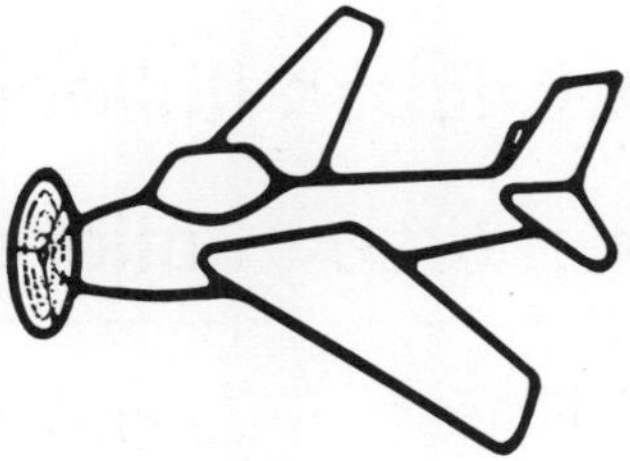

- ☐ Da fliegt ein rotes Flugzeug!
- ☐ Es fliegt unter den Wolken.
- ☐ Es fliegt durch den Regen.
- ☐ Es fliegt hinter einem Adler.
- ☐ Es fliegt über das Buntland.
- ☐ Im Buntland ist alles bunt.
- ☐ Male einen bunten Baum.
- ☐ Male ein buntes Haus.
- ☐ Male eine bunte Fahne.
- ☐ Wo fliegt das Flugzeug hin?
- ☐ Es fliegt nach ____________ .

Lies und male

Es ist Nacht.

Es ist schwarze Nacht.

Es ist Mitternacht.

Geisterstunde!

Male die schwarze Nacht.

Was ist das?

Ein Geräusch!

Das sind Ketten!

Das ist ein Geist!

Male den Geist in Ketten.

Was macht der Geist?

Er weint!

„Meine Ketten sind so schwer!“

Der Geist bittet um Hilfe.

Male den traurigen Geist.

„Ich helfe dir gerne.“

Endlich sind die Ketten ab.

„Vielen Dank!“

Der Geist ist glücklich.

Male den glücklichen Geist.

Lies und male

Zwerge tanzen auf dem Rasen,
haben dicke rote Nasen,
tragen Hüte auf dem Kopf
und einen langen lila Zopf.